Índice

4	Como Utilizar este Livro
5	Postura de Respiração Relaxante
6 – 7	O que é *Mindfulness*?
8	Respiração
9	Novo Dia, Nova Respiração
10 – 11	Revezando
12 – 13	Serpente de Bolhas Multicoloridas
14 – 15	Viajante do Tempo
16 – 17	Músculos de Borracha
18 – 19	Concentração
20 – 21	Ritmos dos Dedos
22 – 23	Apenas imagine
24 – 25	Construindo um Castelo Relaxante
26 – 27	Andando pelo Mundo
28 – 29	De Fora para Dentro
30 – 31	Que Cheiro
32 – 33	O que pode ser?

Páginas	Título
34 – 35	Um Banquete para os Sentidos
36 – 37	Vamos observar
38 – 39	Sentindo Bem em Movimento
40 – 41	Está na Hora do Rock and Roll!
42 – 43	Mexe, Mexe, Mexe!
44 – 45	Suavemente, Rio Abaixo
46 – 47	Eu, como uma Árvore
48 – 49	Montanha Alta
50 – 51	Emoções
52 – 53	Brilhe como Ouro
54 – 55	Poderes do Arco-íris!
56 – 57	Flores da Felicidade
58 – 59	O Detetive de Emoções
60 – 61	Eu, AGORA
62 – 63	Minha Própria Música Mágica
64 – 65	Corrente de Papel da Positividade
66 – 67	A Gloriosa Galáxia
68 – 69	Listas de Amor
70 – 71	Glossário

Como Utilizar este Livro

Neste livro, você encontrará muitas técnicas divertidas e atividades para ajudá-lo a relaxar, se concentrar e praticar *mindfulness*.

Às vezes podemos achar que como nos sentimos não pode ser mudado. Isso nos faz sentir impotentes, ansiosos e estressados.

E simplesmente não é verdade!

Ao controlar sua respiração e relaxar seu corpo, você pode **QUEBRAR ESTE CICLO!**

Leia este livro como quiser ou achar melhor. Você pode querer ir do começo ao fim, praticando cada exercício um após o outro. Ou também pode querer avançar e retroceder, encontrando os pontos com os quais precisa de ajuda primeiro.

Há exercícios de mindfulness ao longo deste livro que ajudam muito no nosso dia a dia.

Vamos propor alguns exercícios de respiração também. Controlar sua respiração o ajuda a se sentir relaxado — isso acalma o corpo e a mente ao mesmo tempo.

Postura de Respiração Relaxante

Enquanto percorrer o livro, você descobrirá que muitos dos exercícios começam da mesma maneira. Chamamos isso de "Postura de Respiração Relaxante".

Se estiver em pé, afaste os pés na distância do quadril.

Se estiver sentado, certifique-se de que está confortável.

Mantenha as costas retas.

Relaxe o restante dos músculos do corpo.

Respire fundo, calmamente, três vezes.

Agora o seu corpo está em uma posição calma e relaxante.

Você está pronto para começar.

Nota para o adulto: Ao final de cada atividade, escrevemos uma "nota para o adulto". Essas notas estão aqui para ajudá-lo a orientar seu jovem leitor à medida que ele completa este livro. Frequentemente, daremos uma ideia de quando seria um bom momento para fazer esses exercícios — tanto a hora do dia e/ou antes ou depois dos eventos.

➡️ O que é Mindfulness? ⬅️

Todos nós vivemos vidas tão agitadas. Mesmo quando estamos fazendo uma coisa, nossas mentes estão, frequentemente, pensando em outras coisas. Como quando estamos escutando nossa professora enquanto pensamos sobre o que vamos comer no jantar.

Na vida moderna, muitas vezes, temos que fazer muitas coisas ao mesmo tempo, mas isso significa que estamos sendo inundados com pensamentos e isso pode ser exaustivo!

Mindfulness é tudo uma questão de se concentrar em uma coisa por um período de tempo específico. Esta atividade pode estar fora de nós, como pintar um desenho detalhado. Ou alguma coisa dentro de nós, como checar nosso corpo enquanto respiramos.

Seja curioso sobre o que está fazendo

BRINQUE. Faça perguntas a si mesmo.

O que você nota?

Como você se sente?

Quando a mente vagueia – e isso **definitivamente** acontecerá – volte para o que você está fazendo.

"Mindfulness" e "Meditação" são similares.

Meditação é uma questão de olhar para dentro, enquanto você se senta quieto e descansa com sua respiração.

No entanto, MINDFULNESS não tem que significar quietude. Você pode caminhar, pintar, dar um passeio de bicicleta, e até mesmo comer, conscientemente – desde que você se concentre nessa atividade e nada mais.

Mindfulness tem sido usada por pessoas para reduzir preocupação, melhorar a memória e até mesmo para fortalecer seu sistema imunológico. Sessões regulares de MINDFULNESS tornarão o estudo mais fácil e o tornará mais saudável e feliz!

Às vezes soa como mágica, mas é apenas mais um exercício.

Pode ser aprendido.

Pode ser praticado.

Você pode ficar melhor nisso.

Boa sorte em sua jornada!

Certamente mindfull!

Respiração

Os nervos enviam mensagens pelo nosso corpo. Há dois grupos de nervos: um grupo que lida com estar alerta e outro que lida com estar **relaxado**. Esses dois grupos não podem ser ligados ao mesmo tempo. Então, ao **respirar profundamente**, você ativa as partes **calmas** do seu corpo e desativa a parte alerta e estressada.

Quando estamos nervosos podemos absorver muito oxigênio, o que nos faz hiperventilar, respirar mais rápido e, em seguida, absorver ainda mais oxigênio, então nos sentimos ainda mais preocupados. É como um círculo vicioso.

Ao assumir o controle da nossa respiração, podemos cortar esse ciclo e nos acalmar. Deixar entrar mais ar também diminui as partes preocupadas do cérebro e garante que sua respiração esteja mais conectada com o que o aflige.

Três vivas para a respiração profunda!

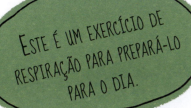
Este é um exercício de respiração para prepará-lo para o dia.

Novo Dia, Nova Respiração

Bom dia! Bem-vindo a um novo dia. Vamos fazer deste um bom dia. Vamos nos concentrar em algo que fazemos automaticamente: respiração.

 Sente-se. Certifique-se de que suas costas estão retas e seu corpo relaxado.

 Inspire pelo seu nariz.

Qual é a sensação?

 Expire pela sua boca. Conte até **oito** enquanto faz isso.

 Inspire pelo seu nariz novamente. Conte até **quatro** enquanto faz isso.

O que você percebe?

 Expire pela sua boca novamente. Conte até **nove** enquanto faz isso.

Não há respostas certas ou erradas.

 Inspire pelo seu nariz novamente. O que seu corpo está fazendo dessa vez?

 Expire pela sua boca, contando até **dez**.

Repita isso três vezes.

Nota para o adulto: este exercício acorda o corpo e nos prepara para nos sentirmos calmos e prontos. Você pode incorporar isso em sua rotina matinal?

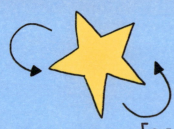

Revezando

Este exercício se concentra em controlar sua respiração.

Vamos equilibrar os lados direito e esquerdo de nossos cérebros, sem uma cirurgia cerebral! Um cérebro mais calmo é um cérebro mais feliz.

① Sente-se. Costas retas. Corpo relaxado. Respire fundo, calmamente, **três** vezes.

② Pressione um dedo sobre sua narina direita, bloqueando-a, e inspire lentamente contando até três pela narina esquerda.

③ Feche sua narina esquerda com um outro dedo e segure a respiração contando até três.

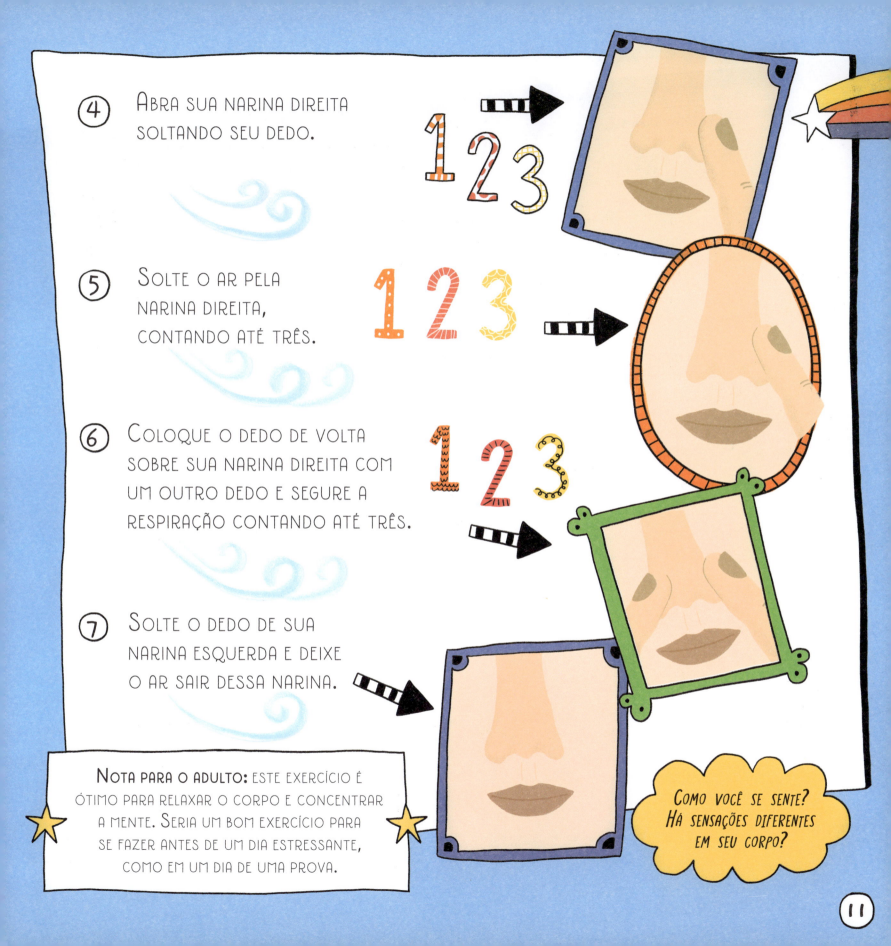

Viajante do Tempo

Nós vamos olhar onde estamos agora, onde estávamos ontem, e onde estaremos amanhã.

ONTEM

Você está preocupado com lembranças de ontem que não são muito boas?
Você não está lá agora.

Agora é a hora de lidar com alguns pensamentos e sentimentos sobre aquilo que o incomoda.

Assuma sua **Postura de Respiração Relaxante**, e respire fundo, devagar, **três** vezes.

Deixe suas lembranças de ontem voarem para longe como balões.

— Você está aqui agora!

AMANHÃ

Você está preocupado sobre algo que acontecerá amanhã? Você não está lá agora.

Assuma sua **Postura de Respiração Relaxante,** e respire fundo, três vezes.

Se há algo que você possa fazer para se preparar para o evento de amanhã e torná-lo mais fácil, então faça isso agora.

Se nada pode ser feito sobre o que está por vir amanhã, então **deixe as preocupações irem embora.** Preocupar-se não vai ajudar no que vai acontecer. Amanhã, você pode lidar com isso.

Pense em outra coisa por enquanto. ♥

Nota para o adulto: Todos nós vivemos no passado e no futuro, mas ao respirarmos, nos lembramos onde estamos exatamente agora. E perceber que estamos bem exatamente agora muda o foco e tira a ansiedade. Veja a seção sobre foco para saber como afastar a mente de pensamentos inúteis.

Concentração

Para ter sucesso em qualquer coisa, precisamos nos concentrar. Desportistas, atores, autores de *best-sellers*, crianças fazendo suas tarefas de casa — todos precisamos nos concentrar para fazer o trabalho bem.

Concentrar-se em alguma coisa permite que o restante do seu corpo e mente se acalmem. Meditação e *mindfulness* são uma questão de **concentração**. Quanto mais você pratica a concentração, melhor você é em *mindfulness*. Quanto mais você pratica *mindfulness*, melhor você é em **concentração**. E como em qualquer exercício, ao praticar você vai ficar melhor nisso.

Não se preocupe se sua mente vagueia. Nossas mentes vagueiam **o tempo todo!** Se perceber que sua **concentração** se desviou, puxe-a gentilmente de volta e **se reconcentre.** Com o passar do tempo, você descobrirá que precisará fazer isso cada vez menos.

Olhos de Falcão

Costumamos nos concentrar em uma tarefa, tal como jogar um jogo ou terminar um projeto escolar. Esta atividade é sobre **se concentrar** em um objeto.

Dê uma **olhada** ao seu redor. Encontre um objeto interessante e prepare-se para observá-lo. Escolha alguma coisa pequena, mas não que você tenha que pegá-la para ver em detalhes — queremos ficar sentados parados e olhando, não usando nossas mãos para mover coisas mais para perto.

Você pode escolher:
Uma pedra ou uma concha grande.
Uma flor ou planta
Um item do seu estojo
Seu brinquedo favorito

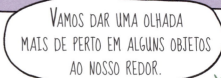

> Vamos dar uma olhada mais de perto em alguns objetos ao nosso redor.

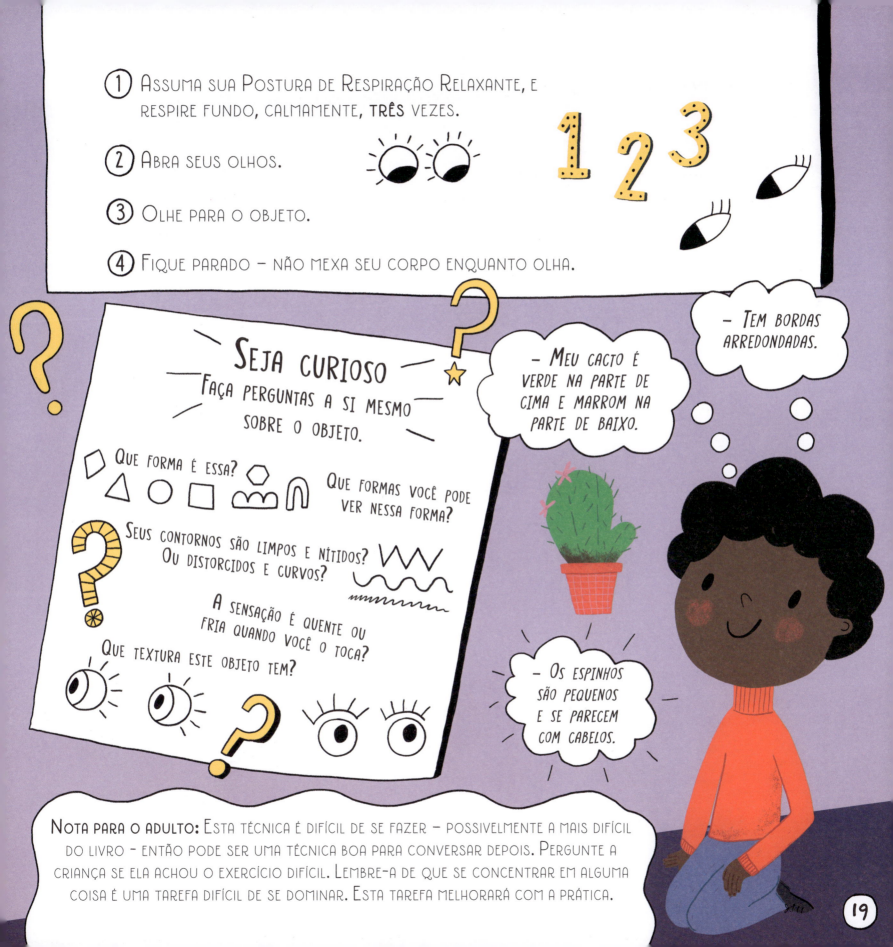

Andando pelo Mundo

Vamos imaginar uma caminhada maravilhosa até um lugar lindo.

Ao sentir o chão debaixo de nossos pés podemos realmente focar em onde nossa imaginação está nos levando.

1. Tire seus sapatos e meias. Mexa e alongue seus dedos do pé.

2. Agora fique de pé e com as costas retas. Feche os olhos.

3. Respire fundo, calmamente, **três** vezes.

4. Sinta seus pés **aterrados** no chão abaixo de você. Sinta os lugares nos quais sua pele descalça toca o chão.

5. Fique **exatamente** onde você está, de olhos fechados.

Nota para o adulto: É surpreendente o quão realistas as sensações de pés descalços podem parecer mesmo quando estamos apenas imaginando-as. Faça este exercício com a criança – é a atividade perfeita para aquele momento individual especial. Talvez você possa lê-la em voz alta enquanto ela fecha os olhos e ouve, depois troque, e a criança poderá ler enquanto você ouve.

Agora, peça para alguém ler isso para você

Imagine...

Vamos dar um passeio. **Imagine** que você está ao pé de uma colina. Coloque os pés no caminho gramado à sua frente. Sinta a grama macia entre seus dedos do pé. Continue andando **lentamente** e concentre-se em como você se sente quando coloca cada pé no chão.

Você continua descendo e chega a uma linda praia. Você **ouve** as ondas quebrando e **sente** a brisa suave em seu rosto. **Imagine** os grãos de areia sob seus pés. Qual é a **sensação**?

Agora, chegue mais perto do mar, onde a areia está molhada. **Como** a **sensação** mudou? Sinta a água subir e rodear seus pés. A água está fria e **refrescante**.

Respire fundo o ar quente e salgado e relaxe. **Ouça** a água batendo em suas pernas. Você se sente feliz e em **paz**.

Você pode criar sua própria jornada imaginária descalço?

27

Ao **prestar atenção** em o que está à nossa volta, nos concentramos em onde estamos **exatamente agora** – não no que aconteceu no passado, ou no que pode acontecer no futuro.

Estar atento é ficar no **momento presente**.

Ao saber que você está seguro **exatamente agora**, você afasta memórias que o incomodam, preocupações e os "e se".

O que você consegue ouvir?

Agora vamos parar um tempo e ouvir o que está acontecendo ao nosso redor.

Todas as pequenas coisas.

1. Pegue uma caneta e papel.
2. Sente-se.
3. Adote sua **Postura de Respiração Relaxante**.

Agora, ouça...

4. Escreva todas as coisas que você pode ouvir **agora mesmo**.

- Carros ao longe.
- Meu lápis riscando o papel enquanto escrevo.
- Vozes ao fundo.
- Eu ouço minha própria respiração.

Nota para o adulto: Esta é uma das atividades mais fáceis deste livro. Ao pararmos para realmente ouvirmos, estamos tirando um tempo para refletir sobre onde estamos agora mesmo e o que está à nossa volta – o que está perto, e o que está longe. Isso nos dá nossa posição no mundo, e nos coloca em segurança no aqui e agora.

29

Que Cheiro

Vamos usar nosso olfato e realmente nos concentrar nas diferenças dos aromas que temos em nossas cozinhas.

Vamos cheirar alguns aromas!

Peça a um adulto para abrir alguns frascos do armário da cozinha. O que vocês podem encontrar?

- Ervas
- Especiarias
- Manteiga de amendoim
- Ketchup

Feche os olhos e dê uma cheirada.

Qual é o cheiro dos alimentos para você?
Os cheiros lembram algo ou alguém?
Eles fazem você se **sentir** de uma certa maneira?

Nota: segure-os longe do nariz. Não chegue muito perto para não inalar algo acidentalmente.

 Alguns cheiros podem te fazer espirrar!

 Outros podem te fazer franzir o nariz.

 Alguns você vai querer cheirar de novo e de novo.

— Hummmmm... tomates. Isso me remete a uma lembrança feliz, ao comer pizza com minha família no meu aniversário.

Se você não estiver perto da cozinha agora mesmo, há um outro exercício que você pode experimentar.

1. Sente-se e feche os olhos.

2. Assuma sua **Postura de Respiração Relaxante**, e respire fundo, calmamente, **três** vezes.

3. Imagine-se pegando uma laranja.

4. **Sinta-a** em suas mãos; sua casca esburacada.

5. Leve-a até seu nariz e **cheire-a**.

6. Coloque seu polegar no topo da laranja. Agora, descasque a casca de laranja.

7. Agora, **cheire-a** novamente.

Você pode sentir aquele cheiro doce, de verão e cítrico?

Ouça o som à medida que você tira os gomos de dentro dela.

DELICIOOOOOSA.

Nota para o adulto: Cheiros podem trazer de volta memórias – boas ou ruins – e podem ajudar a fazer novas. Em momentos de estresse e tristeza, esta atividade pode agir como um disjuntor, desligando instantaneamente essas emoções sobrecarregando os sentidos com algo novo.

O que pode ser?

Vamos tentar identificar objetos apenas pelo toque.

Esta é uma brincadeira divertida para fazer com alguém.

1. O jogador senta-se à mesa usando uma venda nos olhos.

2. Encontre **cinco** objetos e coloque-os em frente do jogador.

3. O jogador deve **sentir** cada um deles.

4. Em seguida, ele deve descrevê-los.

5. Agora, ele deve adivinhar qual é o objeto.

Isso parece espinhento ou...

Será que eles acertaram?

Vamos observar

Vamos fazer um telescópio e dar uma boa olhada no que está ao nosso redor.

A **visão** parece o sentido que mais usamos acima de tudo, mas quão bem estamos realmente olhando para as coisas que vemos?

Olhe para esta imagem aqui. Você consegue ver o pássaro?
Dica: ele está atrás de uma das folhas à direita do centro.

Depois de tê-lo visto, fica óbvio, não é mesmo? Temos de ter calma e procurar.

Vamos fazer um telescópio!

Você vai precisar de:
2 tubos de papel higiênico
1 tubo de toalha de papel
Papel laminado
Tesoura
Fita adesiva

Sentindo Bem em Movimento

A maioria das práticas de *mindfulness* são feitas sentadas e se concentrando em UMA atividade. No entanto, podemos estar **ATENTOS** enquanto nos **MOVIMENTAMOS** – algumas pessoas podem até achar isso mais fácil. Ao invés de se movimentar sem pensar, vamos tentar nos concentrar no que estamos fazendo. Ao nos movimentarmos atentamente, nos tornamos conscientes do que estamos fazendo nossos corpos passarem.

Andar, Respirar, Ser.

Vamos dar uma voltinha.

Se puder sair com um adulto, isso seria o ideal.
Tudo bem ficar dentro de casa, se não tiver alguém para ir com você ou se o tempo estiver muito úmido ou muito frio!

Agora, ande. **Lentamente.**

Conte seus passos enquanto anda.
Conte até dez.

1... 2... 3... 4... 5... 6... 7... 8... 9... 10...

Então, faça uma **PAUSA.**
Em seguida, comece novamente, do um.

Como seu corpo se sente enquanto você está andando? E quando você para?

Está na Hora do Rock and Roll!
(Mas silenciosamente e conscientemente.)

> Este exercício vai combinar o movimento consciente, com um pouco de visualização.

1 Deite-se no chão. (Utilize um tapete de ioga ou cobertor para ter certeza de que está confortável.)

2 Abrace os joelhos no peito – você agora tem a forma de uma bola.

3 Role para a esquerda.

4 Role para a direita.

5 Inspire enquanto rola para a esquerda. Visualize o ar entrando em seu nariz como um calmante azul pálido.

6 Expire enquanto rola para a direita. Visualize o ar saindo de sua boca, como um vermelho profundo e ardente. A cada expiração, sinta seus músculos relaxarem.

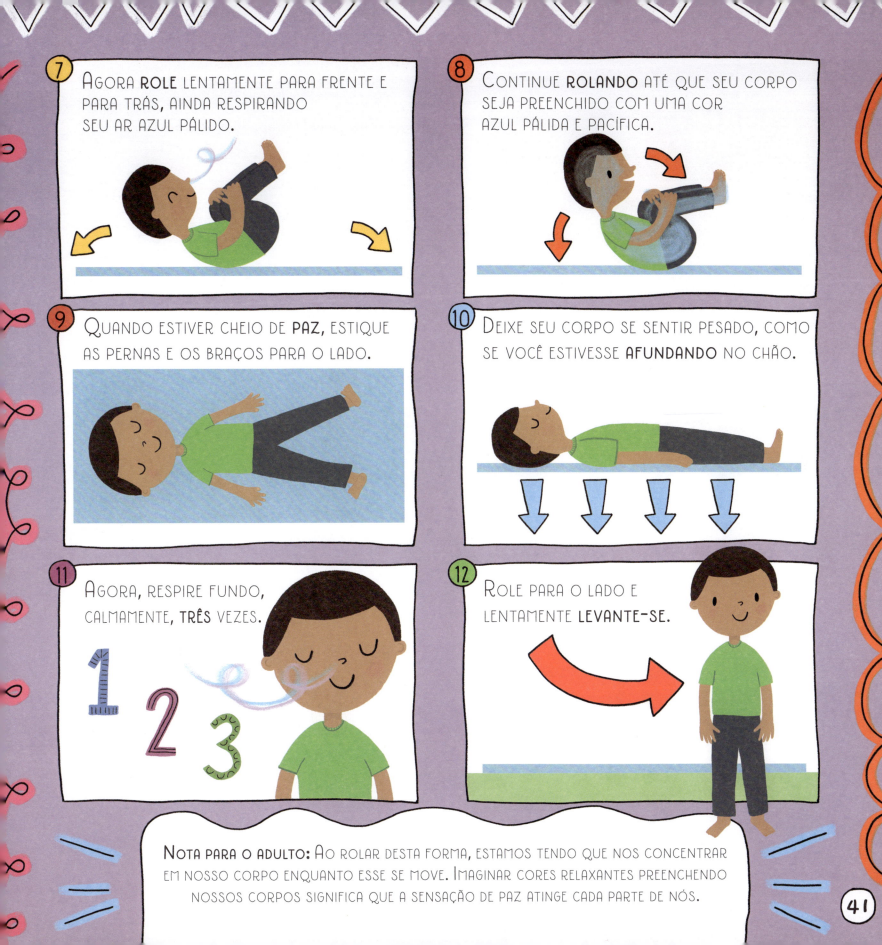

Eu, como uma Árvore

Vamos imaginar ser uma árvore. Que coisa maravilhosa de ser!

Forte como árvore.
Flexível como uma árvore.

Árvores são **fortes** e **resistentes**, mas também podem vergar ao vento. É assim que gostaríamos que nossas mentes fossem: firmes, mas podemos mudar de ideia se e quando quisermos.

1 **Fique de pé** com os pés afastados na distância do quadril. Imagine que seus pés estão plantados profundamente no chão, com raízes que se estendem muito, muito abaixo da superfície.

2 Agora, **estique** seus braços para o lado. Imagine que você é uma árvore e seus braços são os galhos. Seus dedos são folhas; deixe-as farfalhar ao vento.

3 Permita que seus braços **balancem** no ar como galho ao vento.

Montanha Alta

Vamos nos imaginar como uma montanha para que tudo pareça minúsculo comparado a nós.

1. Fique de pé, **parado** e **reto**. Pés afastados, mas não muito. Você deve se sentir firme e sólido no chão.

2. **Sinta** seus pés pressionando firme contra o chão. Nada pode tocar você.

3. Imagine que você é uma montanha. Sua cabeça está se erguendo do oceano. Você é **alta**.

4. **Levante** os braços acima da cabeça. Estique seus braços e dedos o mais alto que puder.

Para cima Para cima Para cima

5. Fique assim por um instante. Respire fundo, calmamente, **três** vezes. Se tiver alguns pensamentos ou preocupações, veja-os abaixo de você, como ondas respingando contra o pé da sua montanha. Eles são pequenos. Eles não fazem mal a uma montanha gigante.

6. **Inspire** novamente e **expire**, soprando essas ondas de preocupação para longe de você.

7. Faça isso repetidamente até que todas as preocupações sejam **sopradas** para longe de você. Observe como a água ao seu redor fica parada e plana.

Agora, abaixe os braços. Lembre-se de como foi ser aquela montanha.

Carregue este sentimento com você o dia todo.

Nota para o adulto: Este é um ótimo exercício para ganhar autoconfiança. Afinal de contas, o que poderia ser mais forte e maior do que uma montanha? Se houver algo preocupante chegando no dia seguinte, essa é uma ótima técnica para nos darmos confiança para enfrentá-lo. **Você consegue fazer isso!**

EMOÇÕES

Esta seção irá ajudá-lo a usar o que você está sentindo para que possa lidar com a emoção e se sentir mais calmo depois.

Os seres humanos têm uma variedade tão grande de emoções. Descrevê-las como "boas" ou "ruins" muitas vezes é inútil porque se você está sentindo algo, então **NUNCA** é errado.

O que você faz com essa emoção é com você.

Pontas dos Dedos Relâmpago
Se você está zangado, esta é uma ótima maneira de imaginar essa raiva e se livrar dela.

① Prepare para adotar a Postura de Respiração Relaxante.

② Respire fundo, calmamente, **três** vezes.

③ Pergunte a si mesmo **o que** está sentindo. Imagine que o sentimento está vermelho e quente dentro do seu corpo.

④ Onde em seu corpo é esse sentimento? Coloque o sentimento em seus punhos.

— Estou tão ZANGADO! Grrr...

50

Brilhe como Ouro

Vamos imaginar uma luz quente e dourada, enchendo-nos e acalmando-nos.

Às vezes, quando estamos estressados, esse estresse é mantido com tensão em nossos músculos. Esses se sentem apertados e desconfortáveis.

1. **Deite-se** sobre um tapete, cobertor ou uma cama.

2. **Respire** fundo, calmamente, **três** vezes.

3. Concentre-se em seus pés. **Mexa** seus dedos do pé. **Aperte** os pés para cima. Deixe-os ficarem soltos.

4. Imagine que seus pés estão formigando, cheios de luz **brilhante** dourada.

5. **Aperte** os pés e **solte-os** novamente.

⑥ Agora observe seu corpo enquanto o brilho dourado chega à parte inferior de suas pernas. **Aperte** os músculos lá. **Solte-os**. Sinta a sensação de formigamento da luz brilhante dourada.

⑦ Agora observe o brilho viajar até as partes superiores de suas pernas. **Aperte** e **solte**. Sinta esse brilho dourado.

⑧ Continue o exercício pelo corpo todo – quadril, barriga, peito, braços, ombros e pescoço. Até mesmo o rosto e cabeça – **aperte** cada músculo em seu corpo, um por um, e **solte-o**. Quando o fizer, você será preenchido com uma linda luz **dourada**.

Nota para o adulto: Esta é uma técnica de visualização simples, mas eficaz para quando a mente estiver estressada e o corpo estiver sentindo esse estresse também. Ao encher o corpo com a luz dourada, há pouco espaço para qualquer outra coisa.

53

Poderes do Arco-íris!

Ao imaginar os pensamentos que estão nos derrubando e utilizando um arco-íris para rompê-los, podemos reduzir e até nos livrar desses dias mais sombrios.

Às vezes, todos nós temos **dias escuros**; dias em que nos sentimos mal-humorados, rabugentos e tristes. Às vezes, nem mesmo sabemos o porquê. Esses dias não são agradáveis para os outros ao nosso redor e, certamente, não são agradáveis para nós.

Então, se **imaginarmos** esse sentimento como uma nuvem escura de tristeza, podemos romper essas nuvens com um arco-íris.

IMAGINE... a nuvens de escuridão em volta da sua cabeça.

Flores da Felicidade

Vamos olhar para os nossos sentimentos, imaginando que esses fazem parte de um jardim.

Vamos cuidar dos sentimentos que te trazem **alegria** para que esses possam crescer. Não se concentre tanto em pensamentos que você não gosta, assim esses murcham.

Sente-se e adote sua **Postura de Respiração Relaxante**. Respire fundo, calmamente, **três** vezes.

Feche os olhos e imagine um jardim em sua mente.

Partes do seu jardim são bonitas e cheias de flores. Cada coisa que te faz sorrir é como uma semente que vai crescer em uma flor neste lugar maravilhoso.

A outra parte do jardim está coberta por ervas-daninhas e espinhos. Cada coisa que o deixa triste é como uma semente que vai crescer em uma erva-daninha.

Não há nada de ruim sobre as ervas-daninhas e espinhos — as partes infelizes de você ainda são partes de você, porém, essas não precisam de tanta atenção como os botões de flores.

Ao invés disso, gaste seu tempo cuidando das flores — as partes mais felizes de você. Imagine molhando-as com um regador. Elimine quaisquer insetos que possam mordê-las. Olhe para essas partes como se estivesse banhando-as na luz do sol.

Deixe que esses grandes pensamentos e sentimentos sejam as partes de sua mente que você nutre e faz crescer.

Nota para o adulto: Esta é uma outra técnica de visualização que nos ajuda a nos sentirmos mais positivos. Todos temos partes de nós mesmos que gostamos mais do que outras partes – então, vamos prestar mais atenção a essas! Não é questão de ignorar ou negar partes de nós que gostamos menos, só que não precisamos nos debruçar muito sobre essas.

O Detetive de Emoções

Vamos dar uma boa olhada em nossas emoções, procurá-las e revelá-las, para que possamos ajudar a explicá-las aos outros.

Às vezes, sabemos o que estamos sentindo e é fácil dizer: "Estou feliz", "Estou triste", "Estou de mau-humor". Outras vezes, sabemos que estamos sentindo algo, mas é difícil explicar como ou o que é.

Quando notar que está deprimido, faça uma pausa para se sentar em um lugar tranquilo e silencioso. Então, encontre essa emoção dentro de você.

Onde a emoção está sentada em seu corpo?

- Cabeça
- Olhos
- Peito
- Barriga
- Punhos

Eu, agora

Esta seção final é sobre olhar para nós mesmos e ver como somos bons aos olhos de outra pessoa.

Você é tão **maravilhoso**. É tão amado. Você é único – não há mais ninguém **em todo o universo** como você! Ao olhar para as coisas que o tornam especial, você pode se sentir bem consigo mesmo.

– Minha mãe me ama. Ela diz que eu posso fazer **qualquer coisa** que eu colocar na minha mente.

Extravasando Positividade

Vamos imaginar palavras que outros diriam para nós e usá-las para nos ajudar a nos sentirmos melhor.

Assuma sua **Postura de Respiração Relaxante**, e respire fundo, calmamente, três vezes.

Pense em alguém que te ama. Pinte-a em sua mente, sorrindo para você. O que ela diria a você?

Escreva isso.

① Assuma sua **Postura de Respiração Relaxante**. Feche os olhos e a boca, mas mantenha sua postura aberta – seus braços abertos, seu queixo para cima.

② **Inspire** profundamente pela boca.

③ **Expire** o seu feliz hmmm. *O que você percebe?*

④ Posicione as mãos sobre o peito. Faça isso novamente.

⑤ Quando se sentir calmo por toda parte, respire fundo, calmamente, **três** vezes (não cantarole) e abra os olhos.

O que você percebe?

Você consegue sentir as vibrações em suas mãos? Em seu corpo?

Um viva para o cantarolar!

Nota para o adulto: Este exercício é bom depois de um dia estressante. Os cientistas descobriram que o cantarolar aumenta o oxigênio em nossas células, reduz a pressão arterial, reduz os níveis de hormônios do estresse e aumenta o nível do hormônio da felicidade a "oxitocina". Pessoas que fazem esse exercício de cantarolar regularmente dormem melhor e se curam mais rápido.

63

Corrente de Papel da Positividade

Vamos fazer uma corrente de papel que fará você se sentir feliz quando a estiver confeccionando e toda vez que olhar para ela.

Você vai precisar de:
- Folhas de papel
- Tesoura
- Canetinhas
- Bastão de cola ou fita adesiva

Todas de cores diferentes, (o maior número possível)

Muitas cores

① Corte um pedaço de papel em tiras compridas.

Certifique-se de que cada tira seja larga o suficiente para você escrever nessa.

② Pegue uma tira e escreva alguma coisa pela qual você é grato. Ou escreva uma frase que faz você se sentir poderoso.

— Sou grata pela minha família.

Eu me sinto corajoso hoje.

64

③ Faça um círculo com cada tira de papel.

④ Cole as pontas com cola (ou fita adesiva).

⑤ Pegue outra tira, escreva uma outra frase positiva.

⑥ Passe a segunda tira pelo círculo e repita as etapas 3 e 4.

⑦ Repita as etapas 2 a 6 outra vez e repetidamente...

Pessoas felizes fazem as pessoas felizes e pessoas felizes fazem os outros felizes... É uma corrente de felicidade!

Nota para o adulto: esta é uma divertida tarefa de criação que demonstra quanto somos sortudos, e o quanto podemos ser positivos. Faça isso com a criança e faça a corrente mais comprida que puder. Ajude a criança a olhar para tudo o que ela para ser grata.

65

A Gloriosa Galáxia

Vamos imaginar respirar o mundo inteiro, toda a galáxia, todo o universo!

① Fique em pé com os pés um pouco afastados da distância do quadril. Levante-se na ponta dos pés. Abaixe os calcanhares de volta ao chão. Sinta os pés apoiados no chão.

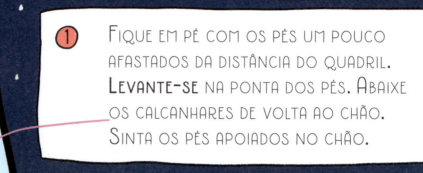

② Levante seus braços no ar e respire como você faz. Abra bem os dedos. Prenda a respiração agora por 3... 2... 1...

③ Incline-se para frente. Mantenha os braços acima da cabeça enquanto avança, mas deixe-os cair ao seu lado quando chegar lá embaixo. Enquanto avança, deixando tudo sair, diga:
– Ahhh!

Listas de Amor

Vamos escrever uma lista de todas as grandes coisas em nossa vida.

Somos gratos por todas as coisas boas em nossas vidas – pequenas e grandes – mas com que frequência realmente tiramos um tempo para pensar nessas?

Coloque um lápis e um papel ao lado da sua cama.

Esta noite, antes de dormir, faça uma lista de coisas às quais você é grato. Você também pode desenhá-las.

Eu sou grato por...

- Minha família
- Meu peixinho-dourado de estimação – Bob
- O jantar que tivemos na noite passada
- A viagem que estamos planejando!
- Minhas pernas que correm rápido!
- Meu brinquedo favorito.
- Pela saúde de todos da minha família.

Glossário

Abstrato — um pensamento ou ideia. Não é algo que possamos sentir ou tocar.

Ansioso — sentir-se preocupado ou nervoso sobre algo que aconteceu, acontecerá, ou pode acontecer.

Autoconfiança — confiarmos em nós mesmos e no que fazemos. Ter fé de que seremos capazes de lidar com qualquer situação que surja.

Cantarolar — juntar os lábios e fazer um som contínuo, similar ao zumbido de uma abelha.

Concentrar — outra palavra para focar — prestar atenção a uma coisa e apenas uma única coisa.

Emoções — um grupo de sentimentos e sensações no corpo e na mente. Por exemplo: raiva, felicidade, desgosto.

Enraizado — concentrando-se em nossos corpos no momento.

Estressado — sentir-se oprimido por pensamentos e sentimentos, geralmente causados pelo que está acontecendo em sua vida.

Focar — prestar muita atenção em uma coisa. Pode ser uma atividade, um objeto, um som etc.

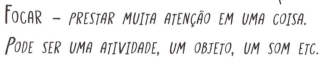

Gratidão — sentir-se grato por alguma coisa.

Hábito — algo que fazemos regularmente e que se torna parte das rotinas de nossas vidas.

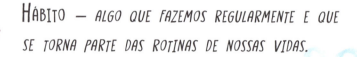

Hiperventilar — respirar muito rápido. É geralmente causado por estresse ou ansiedade e pode parecer muito desagradável e assustador.

Imaginação — usar nossas mentes para pensar coisas que não estão em nossa frente.

Meditação — uma técnica em que você direciona sua atenção para uma coisa — uma atividade, um objeto, um som — e apenas para uma única coisa. Ao nos concentrarmos em uma atividade ou objeto, nós limpamos a mente de pensamentos e estresses que nos rodeiam, e nos sentimos mais calmos.

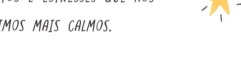

Mindfulness — "atenção plena". Concentrar toda a nossa atenção em uma coisa, e apenas uma única coisa — frequentemente nossa respiração.

Músculos — as partes do nosso corpo que permitem que você se mova.

Negativo — algo que não é atraente, agradável ou bom (o oposto de positivo). Não é algo que você almejaria.

Positivo — algo que é agradável, bom ou otimista (o contrário de negativo). Algo que você almejaria.

Postura de Respiração Relaxante — sentar-se ou ficar de pé em uma posição confortável. Respirar de uma maneira para relaxar.

Preocupações — fixar-se em problemas e situações que aconteceram, vão acontecer, ou podem acontecer.

Refletir — refletir sobre alguma coisa significa pensar sobre isso muito profundamente.

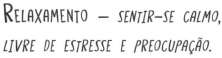

Relaxamento — sentir-se calmo, livre de estresse e preocupação.

Repetição — fazer alguma coisa repetidamente.

Sistema imunológico — as partes de nossos corpos que combatem infecções e doenças.

Tenso/Tensão — quando seus músculos estão apertados e firmes, em vez de relaxados.

Vibrações — movendo-se muito rapidamente, tão rápido que o objeto pode parecer borrado.

Visualização — um desenho em nossas mentes de como imaginamos como algo seria.